Die Deutsche Schreibschrift „Sütterlin"

In familiären Unterlagen, die sich oft über Generationen erhalten haben, finden sich auch handschriftliche Aufzeichnungen. Dazu zählen Koch- und Backrezepte, Familienchroniken, Tagebücher, Briefe, Todesnachrichten, Feldpost von Soldaten, Glückwunschkarten, Postkarten, amtliche Dokumente, Urkunden, Zeugnisse und vieles mehr.

Versucht man die Schriftstücke heute zu entziffern, wird man schnell feststellen, dass sie in einer für uns nicht mehr lesbaren alten „Deutschen Handschrift" geschrieben sind – entweder in der Kurrent, die über 400 Jahre lang geschrieben wurde oder in der neueren Sütterlin. Diese beiden Handschriften, die in den Schulen bis ca. 1941 unterrichtet wurden, haben die Nationalsozialisten 1941 verboten. Auch die zeitlich zuzuordnende Frakturschrift, die hauptsächlich als Satzschrift in gedruckten Publikationen Anwendung fand, wurde zu diesem Zeitpunkt untersagt. Grund für das Verbot war, dass diese Schriften in anderen (besetzten) Kulturkreisen nicht lesbar waren. Die meisten Personen, die in dieser Zeit aufwuchsen, schrieben im privaten Bereich allerdings ihre gelernte Handschrift – Kurrent oder Sütterlin – weiter. Amtliche Dokumente wurden hingegen nicht mehr in diesen Schriften verfasst und in Schulen wurden sie nicht mehr unterrichtet. Die Sütterlin ist die überarbeitete neue Variante der Kurrent-Schreibschrift. Sie vereinheitlichte die bisherige Kurrent in einer Schulausgangsschrift, die weitgehend auf Schnörkel verzichtete und damit ihre Lesbarkeit erhöhte.

Heutzutage wird es immer schwerer, Menschen zu finden, die beim Lesen und Übertragen der alten Handschriften helfen können. So geraten alte Unterlagen immer mehr in Vergessenheit. Will man sich intensiver mit dem Inhalt dieser Aufzeichnungen beschäftigen oder will man mehr über seine Vorfahren erfahren, hegt man schnell den Wunsch, diese Handschriften auch selbst lesen zu können. Macht man sich das Feld der Ahnenforschung zum Hobby, erleichtert man sich die Recherche ungemein. Denn archivierte Unterlagen wurden früher mit der Hand geschrieben und auch handschriftlich kopiert. Dazu zählen vor allem Eintragungen in Kirchenbüchern, die bis heute verifizierbare Belege für Personendaten liefern.

Das Werk einschließlich aller seiner Teile ist urheberrechtlich geschützt. Jede Verwertung außerhalb der Grenzen des Urheberrechtsgesetzes ist ohne Zustimmung des Autors und des Verlages unzulässig und strafbar. Das gilt insbesondere für Vervielfältigungen, Übersetzungen, Mikroverfilmungen und die Einspeicherung und Verarbeitung in elektronischen Systemen.

Printed in Germany | Herstellung und Verlag: BoD - Books on Demand, Norderstedt
Copyright, Gestaltung und Schreibvorlagen: Vasco Kintzel, 2023. Illustrationen: dreamstime.com | ISBN: 9783734717536

Lesen und Schreiben lernt man am einfachsten wie in der Schulzeit – gleichzeitig!

Erinnern wir uns an den Erwerb der eigenen Handschrift, werden wir feststellen, dass wir als Erstklässler beim Schreiben jedes Wort, Buchstabe für Buchstabe, leise vor uns hersagten, während wir die Wörter zu Papier brachten. Viele Bücher zum Selbststudium alter Deutscher Handschriften lehren sie ausschließlich über das Lesen. So findet man zahlreiche Beispiele persönlicher Handschriften, die als Übungstexte in heutige Schrift transkribiert gegenübergestellt werden. Diese Methode ist jedoch sehr schwierig, mühselig und oft frustrierend, da man die Buchstaben einfach nicht erkennen kann.

Das Schreiben und gleichzeitige visuelle Verinnerlichen der Buchstaben führt zu schnellerem Erfolg. Meiner Meinung nach liegt der Grund vor allem darin, dass man beim Selbst-Schreiben die Unterschiede und Abtrennungen der einzelnen sehr ähnlichen Buchstaben besser erfassen kann. Falsche Übertragungen der Schrift können dadurch vermieden werden. Denn das anfängliche Buchstabe-für-Buchstabe-Lesen gehört auch bei dieser Schrift dazu.

Liest der Leser nach bereits abgespeicherten Wortbildern heute gebräuchlicher Handschriften, wird er oft in die Irre geleitet. So kann man die tatsächliche Bedeutung der geschriebenen Worte mit dem bereits abgespeicherten Wortbild unserer heutigen Schrift leicht verwechseln. Das Beispiel unten macht das deutlich. Man beachte die optische Ähnlichkeit der Worte und deren unterschiedliche Bedeutung. Liest man einen solchen Text nur flüchtig, könnte man den Inhalt vollkommen falsch lesen und interpretieren.

Wasser

Messer

Waffen

Wetter

Mutter

Die Schreib- und Lesefibel nach historischem Vorbild.

Die hier dargestellten Übungen orientieren sich nach historischen Schulbüchern. Allerdings muss man berücksichtigen, dass die Lehrkraft die Übungen erklärte. Wer Schulhefte aus dieser Zeit sichtet, wird bemerken, dass die Buchstaben und Worte seitenweise von diesem Buch in ein Heft mit passender Lineatur übertragen wurden.

Geschrieben wurde bis zur Erfindung der Feder mit Kugelspitze mit der Spitzfeder, die immer wieder in ein bereitstehendes Tintenfass getaucht wurde. Das Schreiben mit Feder bedarf ebenfalls der Übung. Nutzt man die Spitzfeder zum ersten mal, bemerkt man gleich, dass die Feder nicht in alle Richtungen über das Papier gleitet wie moderne Füllfederhalter. Deshalb empfehle ich – wenn kein kalligrafisches Können angestrebt wird – eher mit einem modernen Füller oder einem Bleistift zu üben. Die hier dargestellte „Sütterlin" entspricht der Schulschrift „Sütterlin", kurz bevor sie von der lateinischen Schulschrift abgelöst wurde.

Die Reihenfolge der zu lernenden Buchstaben entspricht nicht der Reihenfolge des ABC wie wir es kennen, ermöglicht aber gleich erste Silben zu schreiben und damit die ersten Erfolgserlebnisse zu haben. Die Zeilenabstände verringern sich im Laufe der Übungen wie auch heute noch beim Schreiben-Lernen.

Für die weitere Übungen – und vor allem das Lesen – empfehle ich das Buch „Alte Deutsche Schreibschrift" von Vasco Kintzel, ISBN 978-3753480176, das im Buchhandel bestellbar und im Online-Buchhandel erhältlich ist. Es beinhaltet Abdrucke von unterschiedlichen alten Deutschen Handschriften, die der zeilengenauen Übertragung in heutiger Druckschrift gegenübergestellt sind. So kann neben dem Schreiben vor allem das genaue Lesen alter Dokumente und Briefe schnell erlernt werden.

Das Alphabet der Sütterlin:

a b c d e f g h i j k l m n o p

q r s t u v w x y z ä ö ü

A B C D E F G H I J K L M N

O P Q R S T U V W X Y Z Ä Ö Ü

Die Kleinbuchstaben

i

1.

i *i*

i

i

n

2.

n

n

n

ím

u

3.

e

4.

ei

5.

ei

ei

ei

ein

ein

о

6.

a

7.

au

9.

ℓ

ℓ

ℓ

łwú

nín

langes s

10.

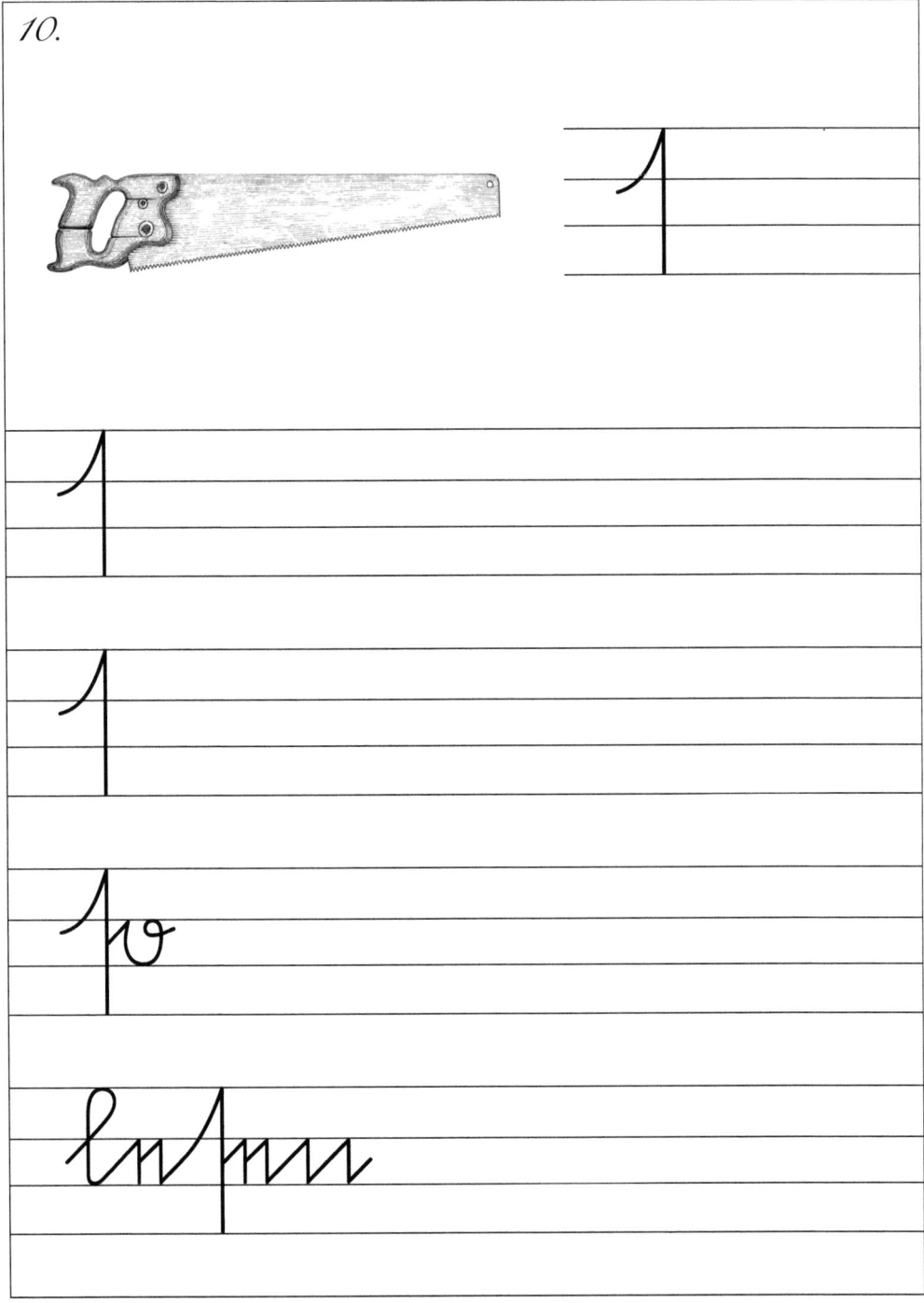

m

11.

w

12.

wo

wo

wo

woin

wow

r

13.

r

rr r

r ri r

r o o

eu

14.

j

15.

j

jor

jn

jnnnn

16. Wir schreiben:

f

17.

ſ

ſ

auf

laufen

fein

rufen

h

18.

h

h

h

$holn$

$hnilnn$

hns

$hninn$

ch

19.

sch

20.

rundes s - langes s

21.

Regeln zum kleinen s: Langes ſ oder rundes s?

Das runde (s) s steht am Wortende wie bei

Haus, Laus, aus

Das lange (s) ſ steht am Wortanfang wie bei

ſehen, ſo, ſehr.

Das lange ſ steht mittig im Wort, auch wenn es doppelt vorkommt:

Doſe, Waſſer, loſe, Muſik

Bestehen Wörter aus zusammengesetzten eigenständigen Worten, wird das runde s auch in der Wortmitte verwendet:

Lebensmittel, Glasflasche

Achtung bei doppeltem „s" bei zusammengesetzten Worten:

Glasscheiben, Grassichel, Knieſtütze

aber:

Waſſer, laſſen

23.

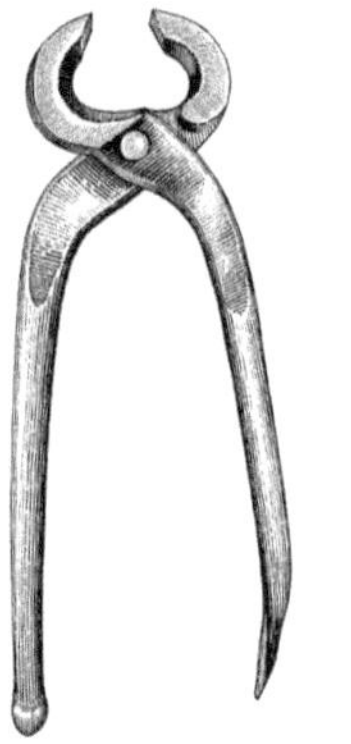

z

z

z

zu

heizen

reizen

heize ein!

ä ö ü

24.

ä ä

ö ö

ü ü

löffnu

föxgnu

fnüsnu

fsön

füsnu

25. Wir schreiben:

malm mein malmen

lauchn weis lauchen

holn weis holen

schnee leise süße

wüsche wasche schön

fühlen lesen löse

weis lauchen schnell

weis malmen schön

26. Wir schreiben:

Hühner winken Büsche

Büsche Hüller Bänke

Bänke münzen hören

Bänke wünschen

schönen schönen

schönen bäumen

bäumen wünschen

wünschen löschen

27. Wir schreiben:

mein Sohn zu

mein Söhnen auf

mein Fritzen ein

mein Bühnen mich

mein Bitten zu

mein Bitten manch

Fein nennen auch

mein brüchen manch

b

28.

b

b

bni

nonbnn

lobnn

fobnn

d

29.

𝒹

𝒹

𝒹

𝒹ŭ

𝒹ʋ

𝒹ύв

𝒹ɴίɴ

g

30.

g

g

g

gmmoŭ

gnfm

gnbm

jgm

31.

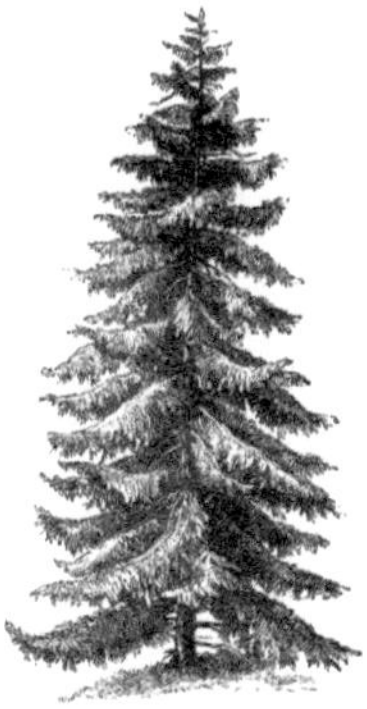

t

t

t

fot

tot

kot

loŭt

k

32.

k

k

k

Knie

Knichen

Korn

Kalt

p

33.

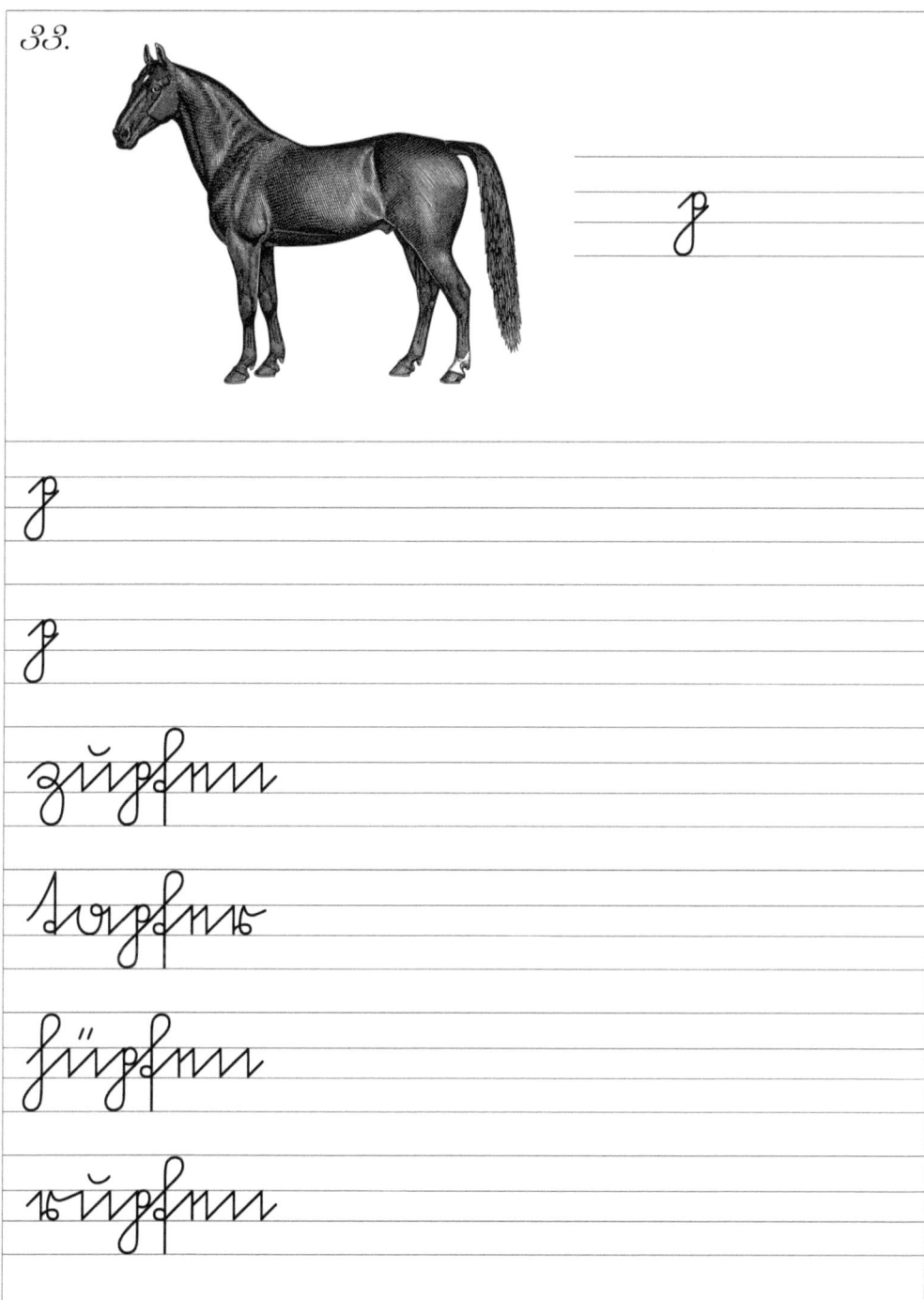

p

p

züpfen

topfen

füpfen

tüpfen

34.

ö

ö

ö

öves

Öröm

örön

öinl

qu

35.

36.

y

37.

Die Großbuchstaben

D

38.

𝒟

𝒟

𝒟achs

𝒟om

𝒟urst

𝒟uft

O

O

O

O

Ofen

Ort

Öfen

Orgel

A

40.

O

O

Oügn

Opfnl

Örunl

Orbrit

G

41.

G

G

G

Gans

Günse

gnign

gustmi

S

42.

Ö

Ö

Ö

Örgyn

Onitn

Onil

Onwtn

N

43.

N

N

Nuß

Norm

Nadel

Garten

M

44.

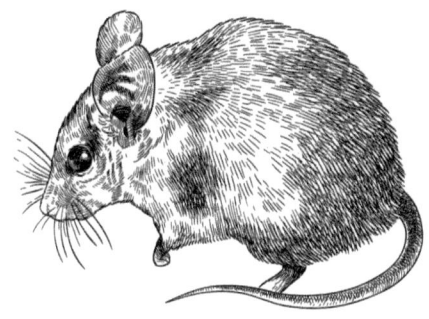

𝔐

𝔐

𝔐

Maus

Milch

Maul

Maurer

W

45.

W

W

W

Wagen

Wein

Wolf

Wolken

z

46.

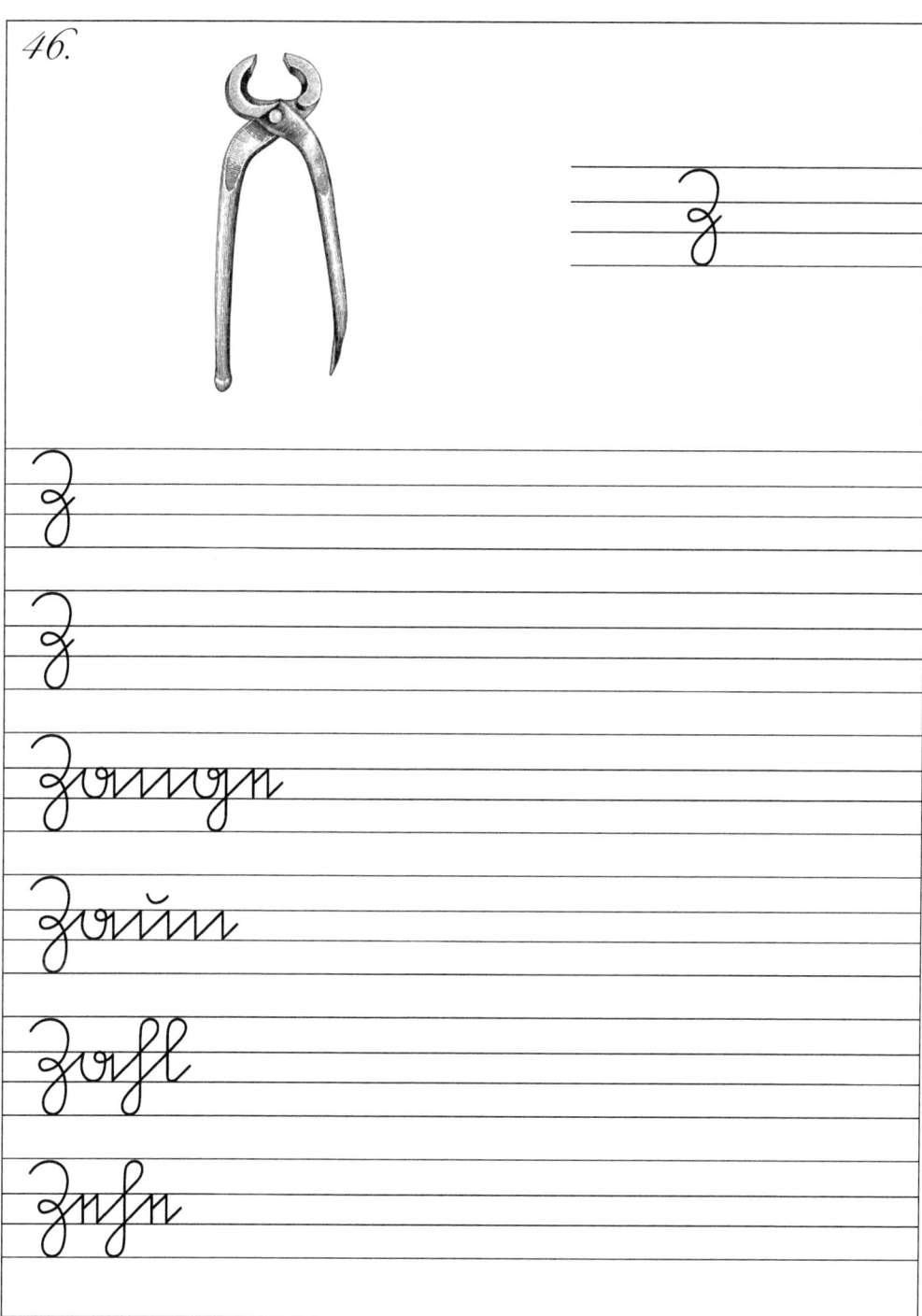

𝔷

𝔷

𝔷

Zangen

Zaum

Zopf

Zahn

P

47.

Pferd

Ruf

Ruhe

Reihn

E

48.

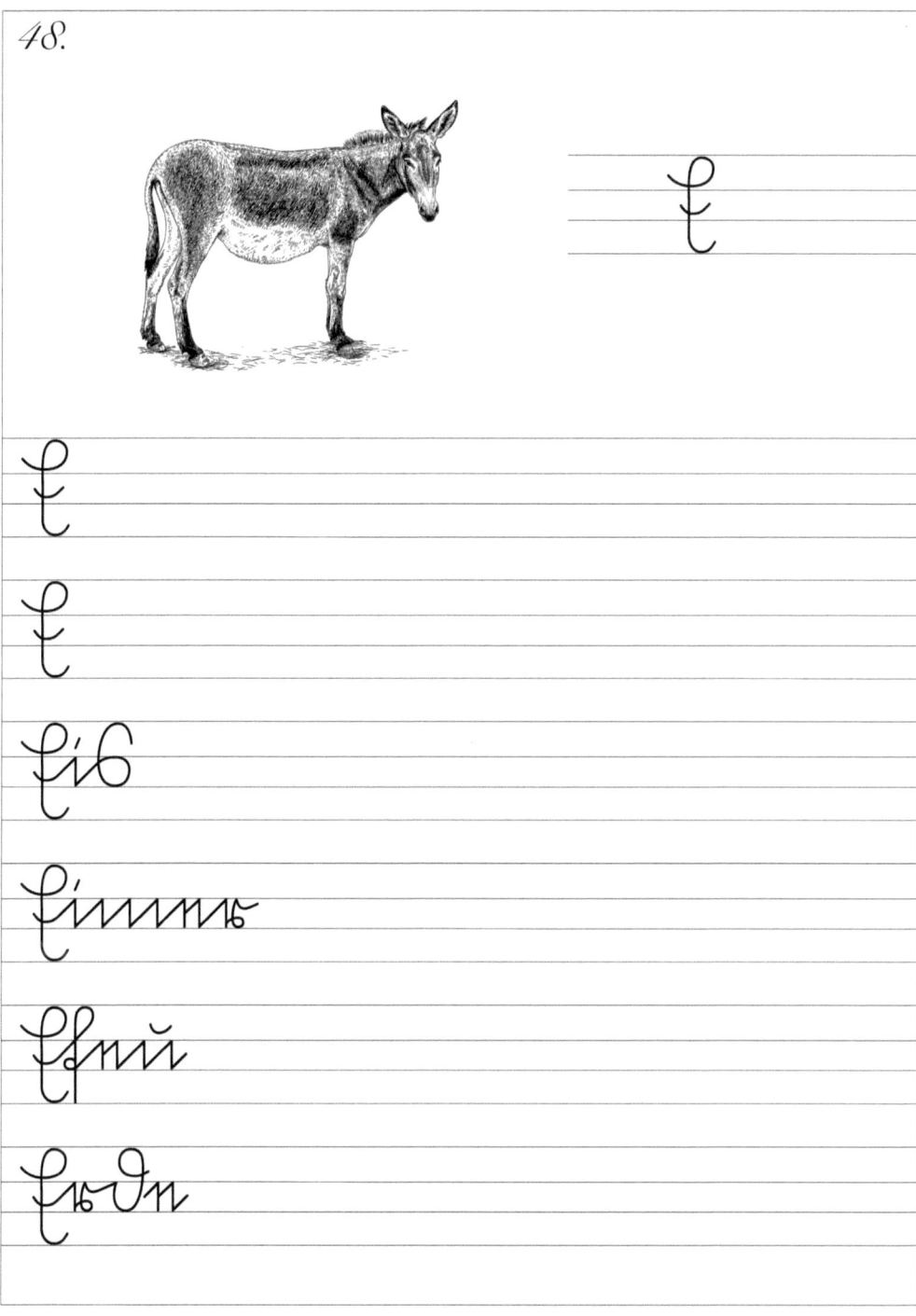

T

49.

U

50.

𝒰

𝒰

𝒰

𝒰ʰr

𝒰ʰü

𝒰nkraut

Übel

F

51.

ƒ

ƒ

ƒ

ƒorDnu

ƒitƒ

ƒnlƒ

ƒlniƒ

I

52.

ℑ

ℑ

ℑ

Igel

Insel

Indien

Iltis

J

53.

J

J

J

Jörgnis

Jorgd

Juli

Januar

L

54.

$\mathcal{L}$

$\mathcal{L}$

$\mathcal{L}$

Lounge

Leitung

Luft

Leinen

B

55.

ℒ

ℒ

ℒ

ℒaum

ℒüſch

ℒain

ℒrot

H

56.

h

h

h

hut

himmel

hinch

hafnr

K

57.

Ka

Ka

Ka

Katzn

Katnr

Knil

Kngnl

V

58.

V

V

Vogel

Vogt

Vetter

Vater

F

59.

R

60.

ℛ

ℛ

ℛ

Rod

Rond

Rolln

Rimmmm

Sch

61.

Sch

Sch

Schmetterling

Schüler

Schnabel

Schnee

Ch

62.

Qu

63.

Х

64.

Ж

Ж

Ж

Жиштш

Жиють

Жиъягб

Олд

Y

65.

Ypsilon

Hyazinthen

Ölgypten

Zylinder

ß

67. Wir schreiben:

Das ist der Baum,

Der schüttelt die

Pflaume,

Die linst ihn an,

Die trägt ihn heim,

und der ist ihn

ganz allein.

„Mit diesem Buch kann jeder alte Handschriften schnell und einfach lesen."

Endlich alte Aufzeichnungen lesen

Wer in Familienunterlagen, in Archiven oder in Büchern auf alte Handschriften stößt, will sie schnell und einfach lesen können.

In diesem praktischen Lehrbuch zeigt Vasco Kintzel, wie einfach man das Lesen der Sütterlin- und der Kurrentschrift erlernen kann. In aufeinander aufbauenden Übungen werden die Schriftzeichen mit einer äußerst effizienten Methode erfasst und anhand vieler Originalhandschriften mit zeilengenauer Übertragung weiter eingeübt. So gelingt das Lesen der eigenen Texte anschließend einfach und zügig.

ISBN 9783753480176